OPINION

D'UN BIBLIOPHILE

SUR L'ESTAMPE DE 1418

CONSERVÉE A LA BIBLIOTHÈQUE ROYALE DE BRUXELLES.

PAR

M. J. A. L.

RÉDACTEUR DE LA RENAISSANCE,
MEMBRE DE LA SOCIÉTÉ BELGE ET DE LA SOCIÉTÉ FRANÇAISE
POUR LA CONSERVATION DES MONUMENTS HISTORIQUES.

3 PLANCHES FAC-SIMILE — 5 FRANCS.

BRUXELLES,
SOCIÉTÉ DES BEAUX-ARTS. — GÉRANT, A. DE WASME,
PLACE DU GRAND SABLON, N° 11.

1846.

OPINION

D'UN BIBLIOPHILE

SUR L'ESTAMPE DE 1418.

OPINION

D'UN BIBLIOPHILE

SUR L'ESTAMPE DE 1418

CONSERVÉE A LA BIBLIOTHÈQUE ROYALE DE BRUXELLES.

PAR

M. J. A. L.

MEMBRE DE LA SOCIÉTÉ FRANÇAISE ET DE LA SOCIÉTÉ BELGE
POUR LA CONSERVATION DES MONUMENTS HISTORIQUES.

3 PLANCHES FAC-SIMILE — 5 FRANCS.

BRUXELLES,

SOCIÉTÉ DES BEAUX-ARTS. — GÉRANT, A. DE WASME,
PLACE DU GRAND SABLON, N° 11.

1846.

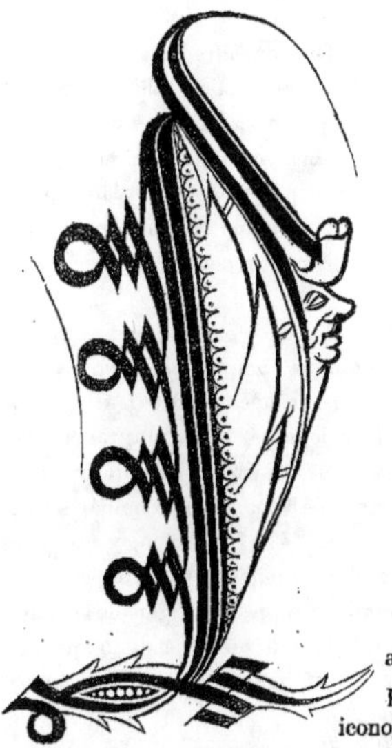

a * question, présentement à l'ordre du jour parmi les bibliophiles, les archéologues et les iconographes, est celle-ci : — L'estampe connue sous le nom du *Saint Christophe de 1423* est-elle toujours le plus ancien monument figuré de l'art de la xylographie et de l'impression en relief ; ou bien, *l'estampe de 1418*, conservée à la bibliothèque royale de Bruxelles, lui enlève-t-elle cette prééminence et lui est-elle réellement antérieure ?

* La plupart des anciens imprimeurs avaient des marques distinctives qui faisaient reconnaître leurs éditions. Cette lettrine est une des marques d'Antoine Verard, l'un des plus illustres typographes du xve siècle, et elle appartient à l'une des trois éditions gothiques du Froissart.

1

Là, en effet, est toute la question. Mais il ne faut pas se le dissimuler; les conséquences affirmatives de sa solution sont fort graves, parce qu'elles ne tendent rien moins qu'à bouleverser les idées reçues, à annihiler les livres écrits et à démolir les systèmes préconçus ou bâtis depuis plusieurs siècles.

Il faut donc, avant de s'élancer dans la sphère des hypothèses, ou des suppositions hasardeuses, bien peser tous les faits acquis à la science et discuter froidement toutes les autorités reconnues compétentes en pareille matière. En un mot, il faut s'appuyer d'une main sur l'histoire, de l'autre sur la vérité, c'est-à-dire sur sa conscience, et réunir en faisceau, un matériel de faits et d'arguments assez imposants pour dominer la critique et faire taire l'incrédulité.

M. le Baron de Reiffenberg, — qui le premier a fait connaître l'estampe de 1418, — dit avec autant de raison que de justesse : « Dans des questions telles que celle-ci, il ne faut pas adopter des conjectures comme des preuves; on doit marcher avec précaution et s'appuyer uniquement sur des faits bien constatés. Ce précepte de prudence vulgaire ne saurait être trop répété, principalement aujourd'hui que la critique circonspecte et solide semble avoir cédé sa place à une critique aventureuse, qui se plaît à créer les faits au lieu de les discuter patiemment et qui préfère de brillants paradoxes à des vérités modestes. »

M. de Reiffenberg donne là un conseil qui, pour n'être pas parfaitement neuf, n'en est pas moins excellent. C'est aussi la marche que nous comptons suivre dans cette discussion, — si toutefois discussion il y a. Nous grouperons des faits et nous tâcherons d'en déduire les conséquences les plus logiques et les plus rationnelles possibles. Nous ne sommes pas du nombre de ces gens qui parlent *sans avoir vu,* — puis qui ont la bonhomie de s'en vanter encore ! — Nous avons examiné, scruté, étudié, analysé dans toutes ses parties l'estampe de 1418, et l'opinion que nous émettons, est le résultat de cette étude et des observations comparatives et multipliées que nous avons faites. Commençons d'abord par rappeler l'origine de l'épreuve du *Saint Christophe de* 1423, épreuve qui par cela seul qu'elle était unique, est devenue forcément le point de mire de toutes les attaques, le pivot autour duquel toutes les discussions archéologiques ont tourné.

Dans un voyage que M. le baron C. H. de Heinecken, conservateur des estampes de la collection royale de Saxe, fit en 1769 à la chartreuse de Buxheim, — l'un des plus anciens monastères de l'Allemagne, — il trouva collées, sur chacun des plats d'un manuscrit latin, portant la date de 1417 *, deux anciennes gravures. Leur tournure ancienne le frappa. L'une était Saint Christophe portant l'Enfant Jésus sur ses épaules;

---

* La suscription donne cette date ainsi : *Explicit liber iste qui intytulat laus Virginis anno dom.* M° cccc° xvII° in *vigilia sta mathyo apli (sic).*

l'autre représentait la scène de l'Annonciation. Dès qu'il eut remarqué la date de 1423, il ne tarda pas à s'apercevoir qu'il avait découvert une rareté de premier ordre, aussi s'empressa-t-il d'en constater l'importance dans une brochure in-8° qui parut en 1771 à Leipzig*. Cette publication donna l'éveil. Un journaliste intelligent appelé Charles Mürr, toujours à l'affût des événements qui pouvaient donner de l'aliment à la curiosité publique, de l'intérêt et de l'éclat à son journal, écrivit immédiatement au père François Krismer, bibliothécaire de la Chartreuse de Buxheim, pour obtenir un calque de la gravure. Non-seulement le R. P. lui envoya ce qu'il avait demandé, mais il fit plus encore: il lui fit parvenir le manuscrit où se trouvait l'original. Charles Mürr le fit copier à Nuremberg par Sébastien Rolland, graveur en bois assez peu estimé. Cet artiste imita l'ensemble, mais il ne comprit nullement l'importance des détails, de sorte que cette copie n'est pas considérée comme un spécimen exact. Elle parut néanmoins dans le journal de Mürr en l'année 1776; et comme c'est la première copie qui ait été publiée de cette estampe, elle a toujours servi de base aux dissertations des archéologues et de moyen de comparaison aux révélations des iconographes.

Nous ne parlerons pas de tous les systèmes qui se rencontrèrent et s'entre-heurtèrent lors de l'apparition de cette pièce, ni de toutes les prétentions ultra-patriotiques dont elle a été depuis lors le prétexte ou la cause; mais ce qu'il y a de positif, c'est que chaque pays voulut en revendiquer la paternité pour son propre compte. Heinecken et Mürr crurent y trouver des preuves suffisantes pour placer l'origine de l'impression en Bavière; Ottley, conservateur du Musée Britannique et auteur d'un traité fort remarquable sur l'art de la gravure, voulut à toute force en doter l'Italie; d'autres enfin poussèrent la manie des systèmes, jusqu'à nier la date de 1423, pour faire triompher des rêves impossibles et mettre en évidence des combinaisons plus ou moins extravagantes.

Sur ces entrefaites, l'inappréciable exemplaire de Buxheim passait en Angleterre dans la collection de lord Spencer**. Bientôt cependant, un nouvel embarras survint. Il se trouva que la bibliothèque royale de Paris, fit en 1806 l'acquisition d'une seconde épreuve du *Saint Christophe,* portant également le millésime de 1423. La présence de cette épreuve au cabinet des estampes de Paris n'eut pas seulement pour résultat d'affaiblir l'autorité que l'original de lord Spencer avait acquise aux yeux des iconographes, elle la détruisit complétement; si bien qu'il se forma un parti pour et un parti contre. M. Duchesne aîné, conservateur du cabinet des estampes de Paris, essaya

---

* *Idée générale d'une collection complète d'estampes*, avec une dissertation sur l'origine de la gravure et sur les premiers livres d'images. — Leipzig et Vienne, 1771.

** Une autre épreuve, dont M. Léon de Laborde a nié l'existence, se trouve réellement à Francfort chez M. le baron de Blittersdorff, ministre de Bade près la Confédération Germanique et Sa Majesté le roi des Belges. Cette épreuve se trouve là par la succession de Birkenstock, dont la belle-mère de M. de Blittersdorff a été l'héritière universelle.

de faire pressentir, dans son *catalogue,* que l'estampe de Londres n'était qu'une *copie coloriée,* tandis que la bibliothèque royale de France [possédait bien réellement l'épreuve originale. Dibdin contesta brutalement le fait, et rejeta l'épreuve de M. Duchesne *« parmi les produits de la seconde moitié du* xve *siècle. »* De son côté, M. Léon de Laborde, bibliographe aussi distingué qu'érudit spirituel, prétendit que ce n'était rien autre chose, *« qu'une épreuve arrachée au journal de Mürr et passée dans une teinte de café. »* La riposte était aussi rude pour M. Duchesne, que l'alternative était cruelle pour le propriétaire de l'épreuve de Londres.

Alarmé, non sans raison, de toutes ces controverses, lord Spencer se rendit à Paris en 1817 pour examiner l'épreuve de la bibliothèque royale, car il ne voyait réellement pas sans inquiétude la rivalité que l'on suscitait chaque jour à son exemplaire jusque-là *unique.* Lord Spencer pria également Dibdin de passer la Manche et d'apporter avec lui l'épreuve originale, pour la confronter avec celle du cabinet des estampes de Paris. Il y eut alors un congrès de savants, et le résultat de la confrontation fut ceci : que les deux gravures étaient parfaitement anciennes l'une et l'autre, *« mais qu'elles étaient tirées de deux blocs de bois différents. »* Cette opinion qui se trouve consignée dans le *Voyage en France* de Dibdin, fut justement le fait capital sur lequel s'appuya M. de Laborde pour prouver que l'épreuve de Paris n'était réellement que la copie du manuscrit de Buxheim faite par Sébastien Rolland pour le journal de Mürr *.

On doit comprendre, d'après ce qui précède, combien l'épreuve de l'estampe au millésime de 1418, conservée à la bibliothèque royale de Bruxelles, doit avoir d'intérêt et peut jeter de vives lumières sur l'origine de l'impression et sur l'histoire de l'art, si son authenticité peut être prouvée.

Mais, ainsi qu'il en est des meilleures et des plus belles choses de ce monde, l'estampe de 1418 a déjà rencontré des détracteurs et des contradicteurs.

Le plus plaisant et le moins dangereux d'entre eux,—M. C. D. B.—dit très-ingénument à la page 17 de sa brochure ** : *« Nous devons avouer que nous n'avons point vu la gravure originale ; c'est d'après le* FAC-SIMILE *donné par M. le baron de Reiffenberg, dans son mémoire, que nous avons porté notre jugement : et comme nous ne jugeons point cette estampe d'après la date qu'elle porte, ni les filigranes du papier,*

---

* Outre qu'elle parut en entier dans cette feuille en 1776, l'épreuve de Buxheim fut néanmoins reproduite depuis, dans l'*Essai sur la gravure* de Jansen et dans l'ouvrage d'Ottley. La première est gravée en creux, la seconde est fort bonne et fort exacte. Une troisième fut gravée sur bois par Zeune de Nuremberg en 1821, et parut dans l'ouvrage de Heller — Bamberg in-8º 1823. — Une autre copie réduite fut publiée par Jackson — London in-8º 1839 ; — enfin elle fut donné en fragments dans la *Bibliotheca Spenceriana,* London in-8º 1814—mais l'inscription seulement se trouve dans Savage, W. — London 1822 et dans le *fac-simile transport* donné par M. de Laborde à Paris en 1839. — M. C. De Brou en a fait faire tout récemment une copie réduite pour appuyer ses observations ; mais elle est inexacte et ne peut même pas donner une idée de l'original.

** *Quelques mots sur l'estampe de 1418,* par C. D B. in-4º de 18 pages. — Van Dale 1846.

mais d'après le costume et le style ; la différence est donc pour nous entièrement nulle,
ET LA VUE DE LA PIÈCE ORIGINALE NE POURRAIT EN AUCUNE MANIÈRE INFLUER SUR NOTRE JUGEMENT. »
Voici, — nous devons l'avouer à notre tour, — une bien étrange manière de juger des
œuvres d'art. C'est exactement l'histoire de ces aveugles intelligents et translucides
qui veulent donner leur opinion sur les couleurs. Toutefois, après cet aveu un peu
plus que naïf, on voudra bien ne pas trouver extraordinaire que nous n'ayons
pas une extrême confiance dans les observations transcendantes de M. C. D. B.
Sans doute, le costume peut *aider* quelquefois à déterminer l'âge d'une gravure,
d'un tableau ou d'un manuscrit ; mais il ne faut pas, cependant, partir obstinément
de ce point de vue, pour arriver à une conclusion forcée, car on serait souvent
exposé à se tromper. Au temps de Louis XIV, par exemple, ne se rappelle-t-on pas
que les peuples de l'antiquité étaient descendus sur la scène chaussés avec des
cothurnes et coiffés avec des perruques à marteaux ? Et dans une époque plus rap-
prochée de nous, ne se souvient-on pas d'avoir vu Napoléon déguisé en Empereur
romain — c'est-à-dire sans costume — dans les palais, dans les livres, dans les gravures, sur les places publiques ? Était-ce l'habit du temps ? Est-ce que, d'un autre
côté, la fameuse redingote grise qui l'a popularisé jusque dans le fond de nos pro-
vinces les plus reculées était le costume de la nation ? Si donc, les antiquaires futurs
veulent juger un jour du vêtement des Romains d'après les gravures du temps de
Louis XIV ; ou si les archéologues du xxxe siècle s'amusent à griffonner des mémoires
pour prouver à la postérité que la redingote grise de 1810 était le costume du
peuple français au commencement du xixe siècle, la vérité historique sera faussée et
les erreurs les plus grossières se propageront dans les masses, par cela seul qu'il sera
venu dans l'esprit à un rêveur de mettre en circulation des idées fausses pour faire
prévaloir un *système exclusif*.

Nous n'admettons donc pas en principe, que, par le costume seul, on puisse arriver
à déterminer le millésime exact d'une estampe ou d'un tableau. Il existe d'autres
moyens d'examen sur lesquels nous nous appésantirons.

Quand les cartiers, les imagiers, les enlumineurs et les copistes commencèrent à
abandonner la fabrication des manuscrits, parce qu'ils sentaient déjà le terrain leur
manquer chaque jour sous les pieds ; quand tous les métiers qui vivaient de la
reproduction d'un original quelconque, furent débordés par l'admirable invention
de l'imprimerie, non-seulement *découverte*, mais encore *appliquée*, ils durent natu-
rellement chercher, les uns et les autres, à remplacer, par un moyen plus facile
et plus expéditif, leur lent et pénible travail. C'est de ce besoin qu'est née la
gravure en relief exécutée sur des planches de bois. Toutefois, il ne faut pas inférer
de là, que les grossiers spécimen du xve siècle, portant date certaine, —c'est-à-dire,

l'*Estampe de* 1418 et le *Saint Christophe de* 1425, — soient le point de départ de l'art de la gravure; il est évident pour tous ceux qui ont étudié sérieusement l'iconographie, que les orfévres-graveurs du commencement du xve siècle tiraient des épreuves de leurs plaques d'argent ou de cuivre destinées à orner les reliquaires ou les monuments funéraires placés dans les églises. Nous ne possédons, à la vérité, de ces *gravures criblées* qu'une très-petite quantité d'épreuves, mais elles sont suffisantes, cependant, pour bien établir la réalité des faits que nous avançons. L'une de ces estampes est le *Saint Bernard de* 1454, dont l'original se trouve au cabinet des estampes de Paris. Nous en reproduisons ici une partie en fac-simile, afin de donner une idée du genre de ces impressions criblées.

Le travail de ces estampes est tellement différent de celui des gravures sur bois, qu'il ne reste plus aucun doute aujourd'hui sur la manière dont elles étaient produites. On y retrouve même jusqu'à l'empreinte des clous qui fixaient ces plaques de cuivre sur les monuments auxquels elles étaient destinées.

Nous devons, à ce propos, rectifier ici une erreur grave dans laquelle sont tombés MM. Duchesne aîné et Léon de Laborde. L'un et l'autre de ces deux savants iconographes ont prétendu que « *toutes les estampes du genre criblé* devaient être attribuées à un certain ʙᴇʀɴʜᴀʀᴅ ᴍɪʟɴᴇᴛ, » parce qu'une *Madone* sans date, signée de ce nom et d'un travail *à peu près* identique, se trouve dans la collection royale de Paris. C'est évidemment une erreur échappée à la sagacité visuelle ou à la prudence historique et paléographique de ces messieurs.

Le nom du graveur est écrit sur l'estampe en question ainsi qu'il suit :

C'est donc *Bernardin* qu'il faut lire, et non pas *Bernard*, ainsi que l'a fort judicieusement fait remarquer feu M. H. Delmotte, ancien bibliothécaire et conservateur des archives de l'État à Mons *. Pour admettre que le graveur à la *Madone* s'appelât ʙᴇʀɴʜᴀʀᴅɪɴ ᴍɪʟɴᴇᴛ, nous devons bien supposer préalablement qu'il existait un saint de ce nom-là. Or, précisément, saint Bernardin, mort en 1444, n'a été canonisé qu'en 1450. Par conséquent, ʙᴇʀɴʜᴀʀᴅɪɴ ᴍɪʟɴᴇᴛ, âgé de trois ans et demi en 1454, n'a pu graver l'estampe désignée à tort sous le nom de Saint Bernard, et l'on en doit conclure que la gravure à la *Madone* signée ʙᴇʀɴʜᴀʀᴅɪɴᴜꜱ ᴍɪʟɴᴇᴛ, est au moins d'une vingtaine d'années postérieure au Saint Bernard. D'ailleurs, le travail seul, la disposition des ombres et le jet des draperies accusent une date plus récente et un art beaucoup plus avancé. Dans les estampes tout à fait primitives aucune science d'ombres ni de lumière, aucune étude de la nature, aucune intelligence des formes anatomiques ne se révèle, tandis que dans la *Madone* de ʙᴇʀɴʜᴀʀᴅɪɴᴜꜱ ᴍɪʟɴᴇᴛ l'art et la science font déjà sentir leur influence salutaire.

D'un autre côté, nous n'avons pu nous expliquer la contradiction flagrante qui existe entre l'opinion de M. Duchesne aîné en 1833 et l'opinion de M. Duchesne aîné en 1820. Dans son *Voyage d'un iconophile*, le savant conservateur de Paris dit à la page 223, en analysant quatre pièces de la collection de M. Nagler à Berlin : « *Ces pièces gravées avec des points blancs de grandeur irrégulière doivent être attribuées à Bernard Milnet* (sic) *dont on possède, à la bibliothèque de Paris, un Saint Bernard avec la date de* 1454; » tandis que dans une lettre du célèbre Van Praet adressée à M. Hill le 19 novembre 1820, il est dit : « J'ai communiqué dans le temps à M. Duchesne le fac-simile de la gravure en bois dont vous avez eu la bonté de m'envoyer une épreuve. Ce connaisseur en estampes anciennes, *ne pense pas, comme vous, qu'elle soit le produit de l'artiste qui a gravé le Saint Ber-*

---

* Lettre de M. Van Praet à M. Hill, dans l'ouvrage de H. Delmotte ; Mons in-f° de 4 p.—1833.—Voir aussi M. de Laborde dans l'*Artiste* de 1839 ; il est d'accord avec M. Duchesne sur le nom de *Bernhardinus Milnet*, mais il réfute l'opinion émise par ce savant dans le *Voyage d'un iconophile*

nard. En effet, en comparant ces deux épreuves ensemble, on voit que cette dernière est d'un graveur beaucoup plus habile. Je ne crains pas d'être de cet avis, et je suis persuadé d'avance que notre opinion deviendra la vôtre. Il n'y a pas de doute que le nom que porte cette estampe ne soit celui du graveur. » Il est évident que M. Duchesne a varié dans sa manière de voir, relativement à la Madone et au Saint Bernard de 1454, puisqu'il a rectifié son opinion de 1820, en se prononçant pour l'affirmative dans son *Voyage d'un iconophile*. Espérons que le savant conservateur des estampes de Paris voudra bien nous donner un jour la raison de cette contradiction un peu trop grave pour être passée sous silence.

Pour en revenir donc au point de départ que cette petite digression nous a fait un instant oublier, nous devons reconnaître que c'est, d'un côté, à l'invention de l'imprimerie dont on parlait depuis longtemps déjà avant son application ; de l'autre, au besoin de plus en plus impérieux de propager les images des saints, d'un usage alors presque général, que l'on doit ces grossiers essais tentés par les cartiers, les imagiers et les enlumineurs dépossédés d'une partie de leur travail journalier.

Ces gens-là assurément n'inventaient rien ; c'est à peine seulement s'ils comprenaient ce que les artistes habiles se donnaient la peine d'inventer pour eux ; mais ils reproduisaient invariablement et à des dégrés de mérite et de vérité différents, les types qu'ils avaient devant les yeux. De là, sans nul doute, ces différences insaisissables que l'on observe dans l'estampe de la bibliothèque royale de Paris et dans l'épreuve de lord Spencer, autrefois l'épreuve de la Chartreuse de Buxheim. Ces ouvriers, — car ce n'étaient pas encore des artistes — ces ouvriers, dis-je, étant plus ou moins habiles, reproduisaient d'une manière plus ou moins savante, plus ou moins délicate, l'original qui leur était confié. C'est incontestablement à ces nuances diverses dans le mérite pratique des travailleurs, que l'on doit ces imperceptibles différences dans les épreuves, différences assez graves cependant, puisqu'elles amènent la division dans les opinions, font douter de l'authenticité des pièces, et apportent la perturbation dans les idées et les connaissances pratiques des archéologues même les plus distingués.

Reportons-nous un instant à ce qui eut lieu lors de l'apparition du Saint Christophe de 1423 à la bibliothèque royale de Paris. Lord Spencer, possesseur d'une pièce unique au monde, arrive en France à son retour d'Italie. Il assemble les savants, fait venir Dibdin avec l'épreuve originale ; et après mille débats contradictoires, après avoir bien discuté, prouvé, examiné, on finit par reconnaître « *que ces épreuves étaient toutes deux anciennes, mais qu'elles avaient été exécutées par des mains différentes et probablement dans des lieux éloignés.* » C'était certainement rationnel, si l'on veut admettre ce que nous avons dit plus haut, c'est-à-dire que des manœuvres reproduisaient invariablement et en même temps les types identiques qui leur étaient fournis. Il n'y a donc rien d'étonnant à ce que l'épreuve de Paris ne ressemble pas parfaitement à celle de Londres, et que celle de Londres ne soit pas précisément conforme à l'épreuve du journal de Mürr.

L'estampe de 1418 réputée à son tour *unique*, — du moins au moment où nous écrivons ces lignes, — aura peut-être un jour une rivale redoutable à combattre, et à coup sûr, elle n'aura pas pour berceau le vieux coffre en chêne vermoulu de Malines, où celle-ci a été trouvée.

Mais alors, dira-t-on, comment se fait-il qu'une estampe de 1418 se trouve dans cette ville plutôt que dans une autre ? — A cela, voici ee que l'on peut répondre.

Dans tout le moyen-âge, mais particulièrement pendant le xive et le xve siècle, les images des saints devinrent d'un usage si général, qu'elles renfermaient en elles tout ce qui compose chez nous la bibliothèque. « C'était — dit M. de Laborde, — l'ornement des murs, du livre d'église, c'était le patron de prédilection qu'on tenait à la main dans tous les lieux saints, ou qu'on rapportait avec soi de son pèlerinage. Les moines avaient soin de consacrer ainsi l'autorité de certaines localités, ou la puissance d'images célèbres, et d'en rappeler le souvenir à ceux qui les avaient visités. » Voilà comment on explique, que des épreuves ayant à peu près une même origine se soient trouvées transportées sur différents points et voilà comment le coffre de Malines aura été miraculeusement mis en possession d'une estampe qui, sans cette particularité heureuse, ne serait probablement pas arrivée jusqu'à nous.

Rien aussi, il faut l'avouer, n'est plus grossier que ces Vierges, ces Christs et ces Saints du peuple, dessinés et enluminés sur un même patron et avec la même hâtive maladresse. Elles ont plus d'un trait d'analogie avec les célèbres complaintes de *Fualdès* et du *Juif-Errant ;* ce qui fera sans nul doute un jour, le désespoir des iconophiles. La gravure en bois cependant, dans sa première application, ne pouvait venir en aide qu'à cette grossière fabrication.

Si l'on veut, en effet, remonter à l'origine des procédés barbares employés, on peut consulter avec fruit cette image de *la Vierge tenant l'Enfant Jésus,* dont nous donnons un fac-simile exact et qui est conservée à la bibliothèque royale de Paris. Sans doute il n'y a pas de date à cette épreuve, comme dans les estampes de 1418 et de 1423, mais en est-elle moins ancienne pour cela ? Est-ce que l'inexpérience et l'imperfection des moyens pratiques ne trahissent pas assez l'indigence des procédés et les timidités naturelles à l'enfance de l'art ? Quant à moi, je ne sais rien de plus complétement primitif.

La vraie question toutefois, pour nous, n'est pas là. Une estampe avec une date certaine existe ; cette date est contestée, — par conséquent, l'authenticité de la pièce est menacée. Il s'agit donc de savoir si l'on peut, soit dans la contexture ou dans la physionomie particulière de l'œuvre, soit dans l'ensemble, soit dans les détails qu'elle présente, puiser les éléments d'une conviction profonde, favorable à son authenticité et recueillir des preuves assez palpables, pour établir son antériorité sur le Saint Christophe de 1423 ?

Pour nous, le fait n'est pas douteux. L'estampe au millésime de 1418, appartenant à la bibliothèque royale de Bruxelles, porte en soi tous les signes évidents et caractéristiques de sa haute antiquité. Notre crainte première, — pourquoi ne pas le dire? — avait été d'avoir à lutter contre l'œuvre d'habiles faussaires, attendu que le *vol à l'estampe* est aussi fréquent de nos jours, que le *vol à l'autographe* et le *vol au bonjour ;* mais à la simple inspection de l'original, nous avons été bientôt convaincu que nos craintes n'étaient pas fondées et que l'épreuve de 1418 est pure de toute falsification calculée, —c'est-à-dire qu'elle est parfaitement authentique.

Il nous reste maintenant à développer comment, et par quels moyens d'examen, nous avons été amené à cette conclusion.

Les voici : D'abord, nous avons été frappé, au suprême degré, de l'inexpérience des procédés de foulage employés pour l'impression. Ce n'est même pas de l'impression dans le sens que nous lui donnons aujourd'hui, c'est de *l'estampage*, du *repoussé* (*Sphyrelaton*). Ensuite, en examinant la configuration particulière, extérieure de l'œuvre, nous avons été également frappé de l'archaïsme qui règne partout dans la forme et dans l'arrangement de la composition ; puis enfin, de la similitude parfaite qui existe entre les types reproduits dans cette œuvre et ceux des monuments de l'art qui lui sont contemporains. Si, d'un autre côté, nous examinons la forme des lettres qui se trouvent dans les banderolles ainsi que les chiffres du millésime, au point de vue paléographique, nous trouvons également une identité parfaite entre l'estampe de 1418, et les manuscrits de la même époque. Si enfin, nous étudions jusqu'à la couleur du *noir* employé pour l'impression, nous sommes encore amené à conclure en faveur du premier quart du xve siècle.

Presque tous les iconographes qui ont écrit sur la matière, — Singer entre autres, — se sont étonnés, avec quelque raison , de ce que l'encre d'impression du Saint Christophe de 1423 fût d'un noir aussi pur que celui de l'encre employée trente années plus tard par les imprimeurs de Mayence. M. de Laborde a prétendu justifier ce fait, en disant que la ville de Harlem possédait à cette époque une presse et un noir d'impression capables de donner des épreuves de cette nature ; mais il a oublié d'étayer son opinion de quelques arguments solides, de sorte qu'il nous est impossible de l'accepter. Quant à nous, nous sommes loin de vouloir contester la date du Saint Christophe de 1423, mais nous persistons cependant à penser que la teinte blonde ou bitumineuse observée sur l'estampe de 1418 est encore une preuve de plus en faveur de son antériorité. Par la manière même dont cette impression a été exécutée, on voit que les procédés étaient des plus naïfs. C'est, ainsi que nous l'avons dit, une espèce de graufrage qu'on obtiendrait assez volontiers avec un fil de fer chaud frappé d'un marteau et dont le coup serait tellement violent, qu'il produirait exubérance, côte, boursouufre au *verso.* Cette particularité ne se reproduit pas dans le Saint Christophe de 1423; les linéaments sont d'un noir à peu près égal, tandis que dans l'estampe de 1418 les traits du dessin paraissent formés de deux lignes parallèles, tant il y a eu refoulage de la matière colorante sur les rebords même du trait. C'est donc à la trop forte pression, à l'insuffisance des procédés de l'ouvrier, en un mot à l'enfance de l'art, que l'on doit cette imperfection typographique.

On a beaucoup parlé, — dans certaine brochure in-quarto dont nous avons déjà cité quelques phrases pour relever les erreurs qu'elles contiennent, — du vêtement des personnages représentés sur l'estampe de 1418. L'auteur a échaffaudé là dessus tout un système et il est parti de ce point de vue pour prétendre, que plus les plis du costume étaient réguliers, plus l'estampe s'éloignait du commencement du xve siècle, et que l'on en devait reporter l'origine de 1460 à 1480.

Là encore, nous sommes forcé de contredire de M. C. D. B. L'enfance de l'art, chez tous les peuples, nous a révélé, au contraire, une marche parfaitement identique, et cette symétrie de lignes est regardée par les archéologues, comme étant un des caractères distinctifs des écoles primitives. Prenons l'art chez les Byzantins, chez les Italiens en remontant jusqu'à Buffamalco *, chez les Grecs, chez les Toscans, chez les Étrusques, chez les Égyptiens, et nous retrouverons chez toutes ces écoles un type similaire, hiératique et essentiellement symétrique dont elles ne s'écartèrent jamais. « Le costume — dit M. Raoul-Rochette ** — tient au même goût conventionnel et hiératique : il consiste en vêtements à plis droits et réguliers, tombant en parties symétriques et parallèles, de manière à imiter les draperies réelles dont on habillait les anciens simulacres en bois....... Ce costume si remarquable en lui-même, et qui se retrouve sur un assez grand nombre de figures d'ancien style ou de style d'imitation, était une des particularités les plus saillantes auxquelles se reconnaissait, dans l'ancienne Grèce, le style éginétique, bien qu'il ne fût pas exclusivement propre à cette école. »

On ne manquera pas sans doute de nous objecter qu'il était parfaitement inutile

---

* Rosini, *Descrizione delle pitture del campo santo,* p. 14. — *Il carattere di queste pitture* (D. Buffamalco) *tiene infinitamente piu della rozza maniera de Greci.* »

** *Cours d'archéologie, professé à la bibliothèque royale de Paris.* (Notes particulières).

de remonter au déluge, c'est-à-dire à l'école d'Égine et aux productions primaires de l'art chez les nations antiques, quand nous avions une estampe du xvᵉ siècle à juger? On aurait grandement tort. La corrélation entre ces faits, toute divergente qu'elle puisse paraître au premier abord, est cependant infiniment plus directe qu'on ne le suppose, attendu que le même phénomène s'est invariablement reproduit dans toutes les écoles. Écoutons encore ce même M. Raoul-Rochette, l'un des archéologues les plus compétents : « J'aime à puiser dans l'histoire de *l'art moderne* des exemples à l'appui des doctrines de l'art antique. Ces parallèles n'ont pas seulement l'avantage de nous faire mieux apprécier le génie de l'un et de l'autre, dans les points où ils se rencontrent ; on peut encore tirer de cette comparaison des règles d'une utilité pratique et d'une application usuelle. Or, l'histoire de la renaissance et du développement de l'art en Italie, présente un phénomène semblable à celui qui est résulté pour nous de la connaissance de l'école éginétique..... certainement, pour quiconque a suivi d'un œil attentif le développement de l'école florentine, depuis Giotto jusqu'à Perugin, il est impossible de méconnaître l'influence d'un certain type similaire, de ne pas voir que certaines physionomies consacrées, certaines formes d'ajustement, certains détails convenus, s'y reproduisent toujours à peu près de la même manière, avec cette variété d'exécution, avec ces propriétés particulières de goût qui tiennent au progrès de l'art. »

M. de B. a donc eu tort de prétendre, que la symétrie de lignes observée dans les vêtements des personnages représentés sur l'estampe de 1418, est une preuve de plus contre sa haute antiquité. C'est exactement l'inverse qui est vrai, puisque nous venons de voir que cette régularité conventionnelle était, au contraire, un des signes caractéristiques des écoles primitives. Il suffit d'ailleurs de consulter tous les documents écrits et de voir tous les monuments figurés pour acquérir cette conviction. Il n'y a pas même jusqu'à la raideur cassante et maladroite des étoffes qui ne soit un indice suffisant de l'antériorité. Dans l'estampe de 1418, tout est raide, austère, indigent et emprisonné dans la forme la plus archaïque qu'il soit possible de rencontrer ; il n'y a aucune espèce de travail de hachures ni d'ombres, aucune intelligence de la forme anatomique ; il n'y a qu'un simple trait, et encore est-il séparé en quelques endroits par la trop grande puissance du foulage, tandis que, à mesure que l'art avance, les contours prennent de la rondeur, les figures de l'aisance et l'agencement des draperies constate au moins une étude quelconque de la nature, une application moins gauche de l'imitation. Il y a déjà un bon mouvement dans l'ensemble du Saint Christophe ; il y a groupe, arrangement cherché dans la composition ; le jet de la draperie qui vole au gré du vent, atteste déjà une certaine habitude de consulter la nature ; les ombres sont indiquées par des linéaments perpendiculaires ou par des lignes horizontales, suivant que le mouvement du terrain ou de l'étoffe l'exige; enfin il y a une expression, une mimique qui n'est pas aussi parfaitement raide ni aussi profondément guindée que dans l'estampe de 1418.

D'après tout ce qui précède, et malgré les arguments entachés de paupérisme de M. de B., nous sommes convaincu avec M. le baron de Reiffenberg * « que la planche de 1418 rappelle l'époque des Van Eyck, autant que l'indigence des procédés peut permettre de comparer une taille peu soignée à une peinture finie, un contour à un tableau. » Certes, la Vierge de Van Eyck qui se trouve dans l'église *Saint-Bavon* à Gand et celle du *musée d'Anvers,* offrent un point d'affinité très-remarquable—bien qu'à un degré supérieur, — avec la *Sainte Katerine* représentée sur l'estampe de 1418. Ce point d'affinité se manifeste surtout dans le style, dans l'ajustement, dans la désinvolture même de la figure — s'il est permis de s'exprimer ainsi. Toutefois, cette similitude se fait sentir plutôt dans l'ensemble que dans les détails; car dans l'estampe de 1418, le style est beaucoup moins large, l'expression moins bien définie, les draperies cassées avec infiniment moins d'entente de l'art, que dans le Saint Christophe de 1423. En un mot, il y a toute la distance qui sépare l'imagier inhabile du graveur intelligent, l'ouvrier de l'artiste.

Pour donner plus de poids à notre opinion, nous citerons un fait purement esthétique mais qui tient particulièrement à l'histoire de cette époque du xve siècle, toute pleine de mysticisme et d'allégories poétiques.

Dans son mémoire, M. de Reiffenberg a cité le *jardin de la pucelle de Hollande* comme ayant quelques rapports de parenté avec l'estampe de 1418, mais principalement au point de vue de l'idée qui a présidé à sa composition. Et pour appuyer son argumentation il a relaté quelques vers « *du Clerc Golias,* » empruntés aux fabliaux de Méon. Nous ferons plus, nous citerons à notre tour quelques strophes d'un poëme à peu près inconnu, portant aussi date du xve siècle et où l'on retrouvera le sens complet de l'idée cachée sous l'arrangement bizarre de la composition de notre estampe. Ce poëme est intitulé « *Le Iardrin salutaire ;* » il est composé « *selon les vingt-trois lettres de A. B. C.* ** » et il fait partie de l'ancien fonds de Lancelot à la bibliothèque royale de Paris. L'auteur, Jean Joret, à été ainsi qu'il le dit lui-même, « *Escripteur des rois Charles VII, Louis XI et Charles VIII.* »

---

* De Reiffenberg. — *La plus ancienne gravure connue avec une date.* — Bruxelles in-4o, 1845. — p. 29.

** Ceci mérite une explication. Joret en cette circonstance sacrifia aux dieux du jour; il voulut faire un tour de force littéraire et pour cela il emprisonna sa pensée dans certaines limites défavorables à la poésie, c'est-à-dire qu'il s'astreignit à faire deux strophes sur chacune des lettres de l'alphabet. C'était une puérilité, sans doute, mais tout ce qui à cette époque ressemblait à une difficulté vaincue, tenait lieu de talent.

Voici quelques-unes de ces strophes ; c'est le pélerin viateur qui párle :

III.

Bien longuement quant i'eus lors cheminé
De loing ie vy ung iardrin spacieux
Clos de haulx murs de bois environné
Plain de tous biens et fruictz délicieux
De toutes fleurs et arbres spécieux :
Et est nommé le iardrin salutaire.
C'est le plus bel Vergier dessoubz les cieux
De le louer iamais ne me puis taire.

X.

Entré quant fus en ce plaisant iardrin
De tous oyseaux très-ioyeux chants ouy
Harmonisant tant doulx soir et matin
Dont amplement mon cueur fut resiouy.
De tous arbres et fleurs, espanouy
Est ce Vergier, plus odorants que basme
De ioie en fus lors comme espanouy
Et doulcement w'endormy soubz ung palme.

XI.

Et puis à moy vint une damoiselle
Qui me mena du iardrin a l'entrée,
Oû ie trouvai une grant dame belle
Noble et plaisant de drap d'or préparée.
Franc et doulx roi ! Ce roi très-pacifique
A bien choisi une noble pucelle
De lignée royal et magnifique,
La plus saige du monde et la plus belle.

XXXVI.

Saintement donc en ce iardrin vivons
De l'église qui tant est glorieuse ;
Laissons péché, et nos cueurs eslevons
Vers Dieu et vers sa mère précieuse.
Advocate miséricordieuse
Des pécheurs est, car pour ce, Dieu l'a faicte
Sur toutes et plus digne et gracieuse
Et du Vergier est dame très-parfaicte.

Ne dirait-on pas que ce poëme est calqué sur l'estampe de 1418 ? Ne décrit-il pas mot à mot toute la composition ? Jardin spacieux clos de hauts murs de bois, chant des oiseaux harmonisant soir et matin, fleurs, hauts palmiers, grande et belle dame de lignée royale et magnifique ? — Certes, l'imagination la plus poétique ne construirait pas un poëme plus en harmonie avec la composition allégorique de la gravure ; et peut-être même un graveur ne rendrait pas autrement un dessin d'après un poëme. Dans tous les cas, on ne peut nier toujours qu'il y ait une singulière connexité et de curieux rapprochements à établir entre le symbolisme de l'idée et les détails de ce poëme appliqués à notre gravure.

Quoi qu'il en soit, nous persistons à ne pas comprendre comment, dans quel but et pourquoi, l'auteur de la brochure à laquelle nous répondons, s'acharne à contester l'authenticité du millésime. S'il n'existait pas sur l'estampe, je comprendrais jusqu'à un certain point que l'on fît à cette estampe une guerre de moulins à vent ; mais la date existe, elle est certaine, positive, visible aux yeux de tous, et voilà maintenant que l'on cherche à insinuer qu'elle est fautive ! Et encore, comment cherche-t-on à le prouver ? C'est en s'accrochant à des suppositions gratuites. On prétend que c'est « *à l'omission de la lettre numérale* L. QUI DEVAIT PRÉCÉDER LE CHIFFRE XVIII, que l'on doit cette antériorité de cinq années, mais qu'au fond, la date réelle de l'estampe au millésime de 1418 doit être reportée « *probablement à l'an* 1468. » Ce système n'est pas soutenable, et on avouera que ce n'était pas la peine de dépenser tant d'érudition et de mettre en circulation *tant d'idées,* pour arriver à une conclusion aussi dubitative. Avec ce système de *suppositions gratuites* on arriverait facilement à nier l'existence même de l'épreuve ; et franchement, je ne vois pas pourquoi l'auteur s'arrêterait en si beau chemin.

« *Quand on prend du galon on n'en saurait trop prendre,* »

a dit un poëte moderne ; nous ajouterons nous, quand on s'élance dans la sphère des paradoxes et des hypothèses, on ne saurait amonceler trop d'arguments contradictoires pour entortiller l'esprit de ses lecteurs et les amener, par la lassitude, à la conclusion des prémisses posées.

Malheureusement pour M. de B., il a trouvé en nous un lecteur récalcitrant. Nous ne sommes pas du nombre de ces êtres privilégiés qui jugent des œuvres d'art par intuition; nous avons la faiblesse de vouloir connaître, analyser et discuter nos impressions. L'auteur de la brochure intitulée : *Quelques mots sur l'estampe au millésime de* 1418, voudra donc bien nous permettre de ne pas être de son avis, par les raisons que nous avons déjà déduites.

Voici maintenant la solution que nous avons trouvée à la question posée en tête de cet écrit.

L'estampe au millésime de 1418, exhumée d'un vieux coffre de Malines, et conservée à la bibliothèque royale de Bruxelles est, pour nous, antérieure au Saint Christophe de 1423, et elle porte dans son style, dans sa configuration, dans la forme même des *chiffres du millésime*, et jusque dans la couleur typographique de son impression, les éléments suffisants de conviction pour justifier son origine et prouver son antériorité.

Comme nous ne sommes pas, du reste, insensible à tout raisonnement appuyé de preuves authentiques, nous attendrons que l'on veuille bien nous prouver en quoi nous nous sommes trompé.

J. A. L.

Rédacteur de *la Renaissance*, membre de la *Société Belge* et de la *Société Française* pour la conservation des monuments historiques.

Copie de l'Epreuve originale de **SAINT CHRISTOPHE DE 1423**, aujourd'hui dans la possession de *LORD SPENCER*.

LA VIERGE ET L'ENFANT JÉSUS.

Ancienne estampe gravée en bois et conservée au cabinet des estampes de Paris

FAC-SIMILE DE L'ESTAMPE DE 1418, CONSERVÉE À BRUXELLES.

www.ingramcontent.com/pod-product-compliance
Lightning Source LLC
LaVergne TN
LVHW012324050726
842524LV00004B/1594